# Weil Mädchen einfach toll sind!

Anna Meyer

# Dieses Buch gehört...

. . . . . . . . . . . . . . . . . . . . . . . . . . . . . . . . . . . . .

. . . . . . . . . . . . . . . . . . . . . . . . . . . . . . . . . . . . .

. . . . . . . . . . . . . . . . . . . . . . . . . . . . . . . . .

# INHALTSVERZEICHNIS

# Einleitung

Sei gegrüßt, kleine Leseratte! In deinen Händen hältst du ein ganz besonderes Buch. Denn es wurde von Mädchen für Mädchen wie dich geschrieben. Genau genommen haben Charlotte, Luisa, Marie, Sophie und Olivia dieses Buch geschrieben.

Die fünf Mädchen leben alle in einem wunderschönen Haus mit einem gelben Anstrich und einem roten Ziegeldach. Fensterrahmen und die große schwere Eingangstür sind in einem dunklen Braun angestrichen. Und manchmal sieht es beinahe so aus, als würde das Haus einen anlächeln.

Es ist also ein ganz besonderer Ort, an dem die Mädchen leben. Ein schmaler Pfad aus verschiedenen kleinen Steinen führt von der Straße zu diesem Haus. Links und rechts wird das Haus der fünf Freundinnen von einem Zaun umgeben, den die Mädchen vor einiger Zeit blau angestrichen haben. Und direkt hinter dem Zaun wartet ein wunderschöner und prachtvoller Garten mit einem riesigen Apfelbaum, unter dem die Mädchen vor allem im Sommer einen schattigen Platz finden.

Viele verschiedene Blumen wachsen im Garten, der genügend Platz zum Spielen und Toben bietet und in den warmen Monaten können die lustigen kleinen Bienen beobachtet werden, die von Blüte zu Blüte schwirren – immer auf der Suche nach leckerem Nektar.

Natürlich leben die fünf Mädchen nicht allein in diesem Haus, sondern mit ihren Familien. Eines musst du aber noch wissen: Vor noch gar nicht allzu langer Zeit, haben sich die fünf Freundinnen aber noch nicht richtig gekannt, obwohl einige von ihnen schon seit vielen Jahren im gleichen Haus leben.

In diesem Buch erfährst du aber, wie sich die Mädchen kennengelernt haben und Freundinnen geworden sind. Aber vor allem soll dieses Buch eins: DIR vermitteln, wie einzigartig du bist. Ja, du hast richtig gelesen. DU bist einzigartig und toll – genauso wie du bist.

Sicherlich hast du hin und wieder Zweifel oder machst dir viele Gedanken. Denn seien wir mal ehrlich, wir Mädchen haben es nicht immer einfach. Wir sollen mutig sein, gute Leistungen in der Schule bringen und uns am besten auch noch mit allen gut verstehen. Und natürlich wird auch noch eine Menge von uns erwartet.

Aber vor allem dürfen wir Mädchen keine Schwäche zeigen.

Das ist schon eine Menge und manchmal kann einem auch alles über den Kopf wachsen. Und gerade Eltern sind dann in solch einem Moment keine große Hilfe.

Denn oftmals verstehen sie die Probleme von uns Mädchen nicht. Es gibt aber auch Eltern, die nicht nur cool, sondern auch sehr verständnisvoll sind. Aber, wenn wir mal ehrlich sind, ist es mit den Eltern auch nicht immer ganz so einfach...

Als Mädchen haben wir es eben nicht so leicht. Genau aus diesem Grund müssen wir aber zusammenhalten. Deshalb haben wir auch dieses Buch geschrieben.

Wir wollen dir unsere Geschichten erzählen und dir damit zeigen, dass du nicht allein bist. Ganz egal, wie traurig oder allein du dich auch manchmal fühlst. Glaube uns, alle Mädchen fühlen sich manchmal so. Und am besten helfen dann gute Freunde oder das Lesen in einem Buch. Deshalb hoffen wir, dass dir dieses Buch gefallen wird und dir auch ein wenig Trost spendet. Aber eines möchten wir dir schon jetzt verraten: In den Augenblicken, in denen dich Angst oder ein Gefühl der Traurigkeit überkommt, denke einfach an etwas Schönes.

Denn unsere Angst beginnt immer in unserem Kopf. Aber genau dort versteckt sich auch unser Mut. Und manchmal müssen wir ihn einfach nur neu entdecken. Genau dabei soll dir dieses Buch helfen. Denn du bist bereits mutig – vielleicht weißt du es nur noch nicht. Aber wir glauben an DICH! Und wir wissen auch ganz genau, dass du deinen Mut finden wirst.

Jetzt wird es aber erst einmal Zeit, die erste Geschichte zu lesen. Dabei wünschen wir dir ganz viel Spaß.

Deine
Charlotte, Marie, Sophie, Olivia und Luisa

# Marie ist einzigartig

Vollkommen unverhofft ploppte diese Nachricht auf Maries Smartphone auf. Als das Mädchen die Worte las, rutschte ihr das Herz in die Hose. Zumindest fühlte es sich so an. Von einer Minute auf die andere wurde sie traurig.

Wenn Luisa morgen nicht in die Schule kommt, bin ich wieder ganz allein. Und morgen müssen wir auch noch dieses blöde Gedicht vortragen, schoss es Marie durch den Kopf.

Traurig und mit gesenktem Kopf setzte sich das Mädchen auf ihr Bett. Doch ihre trüben Gedanken wurden von einem leisen Kratzen an der Tür unterbrochen.

Marie stand auf und ging zur Tür. Ganz vorsichtig machte sie diese einen klitzekleinen Spalt auf. Dieser reichte jedoch, um in die braunen Augen von Sparky zu blicken.

Der Vierbeiner stand vor der Tür und wedelte vergnügt mit seinem Schwanz. Sparky war weder klein noch groß und hatte größtenteils weißes Fell. Na ja, meistens zumindest. Denn nicht selten stürzte sich der Vierbeiner mit voller Hingabe in die Pfützen und rollte sich im Schlamm, sodass er aussah wie ein kleines Schlammmonster auf vier Pfoten.

Marie öffnete die Tür ein Stück weiter und Sparky huschte hindurch. Zielgerichtet tappselte er auf das Bett zu. Dann nahm er Anlauf...

Und mit einem gekonnten Sprung hüpfte er auf die weiche Decke. Marie folgte ihm und setzte sich neben ihn. Dann begann sie seine braunen Ohren zu kraulen und der Vierbeiner ließ sich das genüsslich gefallen. Warum auch nicht? Für Sparky gab es fast nichts Schöneres als hinter den Ohren gekrault zu werden.

Viel schöner waren nur noch Leckerlies. Für einen Moment konnte Marie vergessen, dass morgen wahrscheinlich wieder einmal ein ganz blöder Tag werden würde. Denn ohne Luisa war sie allein – vor allem in den Pausen. Luisa war ihre beste und auch die einzige Freundin, die sie hatte.

Marie mochte die anderen Jungs und Mädchen aus der Klasse nicht und sie hatte auch das Gefühl, dass die anderen sie nicht mochten. Marie war halt auch ein wenig anders.
Sie lebte gemeinsam mit ihrer Mutter, ihrem Bruder und natürlich Sparky. Deshalb hänselten die anderen Kinder sie früher. Denn schließlich hatte Marie keinen Vater. Für Marie war das aber nicht schlimm, denn schließlich kannte sie es nicht anders.

Schon seit sie ein Baby war, waren ihre Mama und ihr Bruder ihre Familie. Für Marie war das also vollkommen normal. Nur die anderen Kinder verstanden das nicht. Für sie war Maries Familie keine richtige Familie.

„Was ist überhaupt eine richtige

Familie?“, hatte Marie eines Tages mal ihre Mutter gefragt. „Für die meisten Menschen besteht eine richtige Familie aus einer Mutter, einem Vater und den Kindern.
Dabei kann eine Familie auch ganz bunt sein. Manchmal sind auch Großeltern und wahre Freunde Familie. Familie kann ganz vielseitig sein. Familie ist da, wo man sich zu Hause fühlt“, hatte ihre Mama gesagt.
Das hatte sich Marie gemerkt und deshalb prallten die blöden Sprüche irgendwann auch von ihr ab.

Marie war eben anders als die anderen Kinder. Sie trug andere Kleidung, interessierte sich für andere Dinge und schrieb in der Regel auch gute Zensuren. Für die anderen in der Klasse war Marie die Außenseiterin. Niemand wollte sich so richtig mit ihr unterhalten oder etwas mit ihr am Nachmittag unternehmen.
Bis auf Luisa.

Zusammen gingen die beiden in die Schule, verbrachten die Pausen miteinander und die Mädchen besuchten sich gegenseitig an den Nachmittagen. Im Gegensatz zu Marie verstand sich Luisa auch mit anderen aus der Klasse.

Aber ihre Freundin ließ sie dennoch nie im Stich. Marie wusste natürlich, dass Luisa wirklich krank war, wenn sie nicht zur Schule kam. Dennoch war sie ein wenig wütend auf ihre Freundin.

Aber vor allem hatte Marie Angst. Angst vor dem morgigen Tag und vor allem vor ihren Mitschülern. Am liebsten wäre Marie am nächsten Tag auch einfach nicht zur Schule gegangen. Aber das ging natürlich nicht.

Sparky wälzte sich genüsslich auf dem Bett und ließ sich abwechselnd Ohren und Bauch von Marie kraulen. Das Mädchen war so in Gedanken versunken, dass es das Klopfen an der Tür erst gar nicht bemerkte.

„Klopf, Klopf“, sagte eine sanfte Stimme. Erst jetzt schaute Marie zur Tür und entdeckte ihre Mutter, die ihren Kopf durch einen kleinen Spalt der Tür steckte. Ihre Mutter lächelte und fragte: „Darf ich zu euch kommen?“

Marie schaute sie an und nickte. Kurzerhand setzte sich Maries Mutter zu ihr und Sparky aufs Bett. Sie strich ihrer Tochter über die dunkelblonden Haare, die wie jeden Tag zu einem Pferdeschwanz zusammengebunden waren. Dann schaute sie ihr in die grünen Augen und konnte die Traurigkeit erkennen.

„Was ist denn los?“, wollte Maries Mutter wissen.

Marie seufzte ganz tief und sagte dann: „Luisa kommt morgen nicht in die Schule. Ich glaube, sie ist krank.“ Dann senkte Marie ihren Blick und schaute auf den blauen Teppich, der vor ihrem Bett lag.

Sie fixierte mit ihren Augen die vielen goldenen Sterne, die den Teppich zierten und versuchte dabei krampfhaft ihre Tränen zu unterdrücken. Am liebsten hätte Marie einfach angefangen zu weinen – so traurig war sie.

„Och, mein Liebling. Das tut mir leid“, sagte ihre Mutter. „Du kannst aber nicht zu Hause bleiben.“

„Ich weiß“, schluchzte Marie.

Doch jetzt konnte sie die Tränen einfach nicht mehr zurückhalten. Die erste Kullerträne rollte über ihre Wange und wurde von der Hand ihrer Mutter aufgefangen, die ihr über diese strich.

„Mäuschen, nicht weinen. Ich weiß, dass es für dich immer blöd ist in die Schule zu gehen, wenn Luisa nicht da ist. Und ich kann auch verstehen, dass du traurig bist.“

Und das stimmte wirklich. Maries Mama hatte immer Verständnis für sie. Sie verstand, dass ihre Tochter mit den anderen Jungs und Mädchen aus der Klasse nicht klarkam und sich mit ihren Mitschülern auch nicht anfreunden wollte. Maries Mama hatte wirklich für ganz viele Dinge Verständnis, aber helfen konnte sie ihrer Tochter nicht.

Aber dafür hatte Maries Mama immer tolle Ideen und so sagte sie: „Was hältst du denn davon, wenn wir morgen Nachmittag einfach eine Runde Monopoly spielen?“

Marie schaute zu ihrer Mama, die sie anlächelte und fragte dann: „Wir alle zusammen?“

„Na klar, wir alle“, gab ihre Mutter zur Antwort.

Marie liebte es zusammen mit ihrer Mama und ihrem Bruder etwas zu spielen. Das war mit die schönste Zeit für das Mädchen. Zu Hause bei ihrer Familie fühlte sich Marie einfach am wohlsten und so nickte sie.

„Wenn du etwas hast, worauf du dich freuen kannst, vergeht der Tag morgen sicherlich ganz schnell“, sagte ihre Mutter. „Und schenkst du mir jetzt auch noch ein Lächeln? Oder muss ich dich dazu erst kitzeln?“

Kaum hatte ihre Mutter das gefragt, begann sie Marie auch schon hinter den Ohren zu kitzeln. Und so konnte Marie gar nicht anders als zu lachen. Sie lachte so laut, dass auch Sparky aus seinem kleinen Nickerchen wach wurde und ebenfalls gekitzelt werden wollte.

Von dem vielen Lachen tat Marie langsam der Bauch weh. Aber auch ihre Traurigkeit war verflogen.

„Na siehst du. So gefällst du mir viel besser“, sagte ihre Mama und streichelte ihr liebevoll die Hand.

Marie sah ihre Mama mit großen Augen an. Sie wusste einfach immer, wie sie Marie aufmuntern konnte. Und wenn es ihre Mutter nicht konnte, dann tat es Sparky oder ihr Bruder. Natürlich stritten sich die beiden auch mal – aber das war nie so schlimm.

„Ich habe noch eine Idee“, sagte Maries Mama. „Wir brauchen ein kleines und ein großes Blatt Papier. Und am besten auch noch ein paar Stifte.“

Marie sprang sofort auf und suchte alles zusammen. Anschließend setzte sie sich mit ihrer Mama auf den Boden, während es sich Sparky auf dem Bett so richtig gemütlich machte.

„Auf das kleine Blatt schreibst du alles, was dir Angst macht oder vor dem du dich fürchtest“, erklärte Maries Mutter und sah ihre Tochter dabei an.

„Also, zum Beispiel, dass ich morgen nicht zur Schule gehen mag, weil Luisa krank ist und die anderen Kinder mich ärgern werden“, erwiderte Marie traurig und ihre großen Kulleraugen füllten sich wieder mit Tränen.

Ihre Mutter nahm ihre Hand, nickte und sagte dann: „Du schaffst das! Du kannst alles aufschreiben, was du möchtest. Das ist deine Angst-Liste.“ Unsicher nickte Marie und wollte dann wissen: „Und was machen wir mit dem großen Blatt Papier?“

„Das wirst du gleich sehen.“

Und schon begann ihre Mama etwas in großen, bunten Buchstaben auf das Blatt zu schreiben. Dann malte sie noch ein paar Sterne und viele Herzen dazu. Als ihre Mama fertig war, las Marie auf dem Papier DAS HABE ICH GESCHAFFT!

Verwundert sah Marie ihre Mutter an. „Was genau soll das?“, wollte das Mädchen wissen.

„Ganz einfach“, begann ihre Mutter zu erklären „Jede Woche nimmst du dir einen Punkt von deiner Angst-Liste und versuchst daran zu arbeiten. Und wenn du es geschafft hast, schreibst du es auf diese Das-habe-ich-geschafft-Liste. Und damit du immer vor Augen hast, was du alles schon geschafft hast und wie toll du bist, hängen wir diese Liste so auf, dass du sie jeden Tag sehen kannst.“

Maries Mutter stand auf, nahm das große Blatt Papier und ein wenig Klebeband. Anschließend klebte sie die Liste an Maries Tür. Dort konnte das Mädchen die Liste jeden Tag sehen.

„Siehst du. Perfekt. Jeden Morgen hast du direkt vor Augen, was du alles schon geschafft hast. Und immer, wenn du Angst hast oder dich vor etwas fürchtest, schaust du dir diese Das-habe-ich-geschafft-Liste an“, erklärte ihre Mutter stolz.

Doch Marie war etwas unsicher. „Aber jetzt steht da doch noch gar nichts drauf“, gab sie zu bedenken.

„Das stimmt. Aber du hast schon ganz viel geschafft. Erinnerst du dich an den Schwimmunterricht, vor dem du solche Angst hattest?“, fragte ihre Mutter und Marie nickte.

Sie erinnerte sich sehr gut daran. Marie hatte solche Angst davor, ins Wasser zu springen. Am Ende hatte sie es aber doch geschafft und war mächtig stolz auf sich, als sie endlich ihr

Schwimmabzeichen bekam.

„Du kannst auf deine Das-habe-ich-geschafft-Liste alle Dinge aufschreiben, vor denen du früher Angst hattest und denen du dich gestellt hast. Oder du beginnst erst einmal damit, alle Dinge auf deine Angst-Liste zu schreiben und füllst deine Das-habe-ich-geschafft-Liste dann, wenn du dich deinen Ängsten gestellt hast.“ Maries Mutter strich ihr liebevoll über den Kopf.

Marie dachte einen Moment lang nach. Dann sagte sie: „Ich glaube, ich werde erst einmal meine Angst-Liste erstellen.“

„Das ist eine super Idee“, erwiderte ihre Mutter. „Aber eines darfst du niemals vergessen“, begann ihre Mutter und zog Marie ganz dicht an sich heran, um ihr in die grünen Augen schauen zu können.

„DU bist einzigartig. Aber vor allem bist du toll, so wie du bist. Lass dich niemals von anderen beeinflussen, nur weil sie denken, dass sie besser sind als du.
Es ist egal, was andere über dich denken oder sagen. Du bist und bleibst ein ganz

wundervolles Mädchen und ich bin so froh, dass ich dich habe. Das darfst du niemals vergessen. Ich habe dich so lieb.“ Und dann gab ihr ihre Mutter einen dicken Schmatzer auf die Stirn.

„Danke, Mama“, flüsterte Marie und drückte ihre Mama ganz fest an sich.

Als ihre Mama das Zimmer verließ, setzte sich Marie zu Sparky, der immer noch auf dem Bett schlief und nahm ihre Angst-Liste und einen Stift zur Hand. Dann begann das Mädchen die Dinge aufzuschreiben, vor denen sie Angst hatte oder sich fürchtete.

Als Erstes schrieb sie natürlich, dass sie Angst vor dem morgigen Tag hatte, weil sie ganz allein in der Schule war. Dann war da auch noch das blöde Gedicht, dass sie morgen vor der ganzen Klasse vortragen musste.

In der nächsten Woche hatte Marie einen Zahnarzttermin. Und natürlich hatte sie auch davor ein wenig Angst.
Und so schrieb Marie noch einige Dinge mehr auf die Liste und am Ende war das Blatt bis zur Hälfte beschrieben.

Sie legte die Angst-Liste auf ihren Schreibtisch und nahm sich vor, sich jeden Tag ihren Ängsten zu stellen. Und gleich morgen wollte sie damit auch beginnen.

Mit einem mulmigen Gefühl machte sich Marie am nächsten Morgen auf den Weg in die Schule. Gleich in der ersten Stunde stand Deutsch auf dem Plan und das bedeutete auch, dass das Gedicht vorgetragen werden musste.

Auf dem Schulhof angekommen, sah Marie die vielen anderen Kinder, die alle in Grüppchen standen, sich unterhielten und lachten. Marie hingegen war ganz allein. Aus diesem Grund war sie auch richtig froh, als es endlich klingelte und alle die Schule betreten durften. Im Klassenraum setzte Marie sich direkt an ihren Platz und packte ihre Schulsachen aus.

Sie hörte wie die anderen Mädchen hinter ihr tuschelten und sie war sich ziemlich sicher, dass sie über sie redeten. Kaum hatte Marie Hefte und Bücher

ausgepackt, drehte sich
Emma zu ihr um und fragte: „Wo ist denn Luisa?“

„Die ist krank“, gab Marie zur Antwort.

„Dann bist du heute ganz allein. Denn andere Freunde hast du ja nicht, oder?“

Die Worte von Emma verletzten Marie, aber sie ließ sich nichts anmerken. Sie räumte ihre Bücher und Hefte ordentlich auf und war froh als es dann endlich zum Unterricht klingelte.

Marie dachte darüber nach, was ihre Mutter ihr gestern gesagt hatte. Marie war einzigartig. Sie war einfach so wie sie war – ganz egal, was die anderen darüber dachten.

Du bist toll, wie du bist, schoss es Marie durch den Kopf. Ihre Mama hatte recht. Vielleicht war sie anders als die anderen Kinder und vielleicht mochten ihre Mitschüler sie deshalb auch nicht.
Aber das würde sie jetzt nicht mehr interessieren. Denn Marie wusste, dass es

Menschen gab, die sie lieb hatten – genauso wie sie war oder vielleicht auch genau, weil Marie eben anders war.

Dieser neu entdeckte Mut führte dazu, dass Marie sich als Erste meldete, als die Lehrerin fragte, wer das Gedicht vortragen möchte.

Gestärkt mit dem Wissen, dass ihre Familie und auch Luisa immer hinter ihr stehen würden, ging Marie nach vorne und trug ihr Gedicht vor der gesamten Klasse vor.

Ihr Herz schlug ihr bis zum Hals, als sie in die Gesichter der anderen schaute und sie bemerkte auch, wie einige Kinder in den hinteren Reihen zu kichern begannen.

Marie suchte sich aber einen festen Punkt an der Wand und schaute auf das gemalte Bild eines Kolibris, der versuchte mit seinem Schnabel den Nektar einer roten Blüte zu bekommen.

Dann begann das Mädchen mit ihrem Gedicht. Am Ende hatte Marie es nicht nur fehlerfrei vorgetragen, sondern wurde auch für ihre sehr gute Betonung gelobt. Ihre Mitschüler applaudierten sogar für diese tolle Leistung.

Zu Hause schrieb Marie als Erstes auf ihrer Das-habe-ich-geschafft-Liste, dass sie ohne Luisa in der Schule war und ihr Gedicht ohne Fehler vorgetragen hatte. Dann strich sie die beiden Punkte auf ihrer Angst-Liste durch und dabei überkam sie das Gefühl von Stolz.

Marie war stolz auf sich. Stolz darauf, sich ihren Ängsten gestellt zu haben. Denn manchmal ist es wichtig, dass wir uns unseren Ängsten stellen. Ab jetzt würde sie immer wieder an die Worte ihrer Mutter denken, wenn sie sich traurig oder ängstlich fühlt: Du bist einzigartig und toll!

# Luisa und das Geheimnis

„Guten Morgen“, sagte Marie freudestrahlend, als sie am nächsten Tag vor Luisas Wohnungstür stand, um ihre Freundin abzuholen. „Guten Morgen“, nuschelte Luisa, die sich ihre blonden Haare zu zwei Zöpfen geflochten hatte. Auf Luisas Gesicht erschien ein zaghaftes Lächeln.

„Ist alles okay“, wollte Marie wissen.

„Ja, klar“, gab Luisa zur Antwort. Die beiden Mädchen standen im türkis gestrichenen Hausflur des Hauses, als plötzlich Luisas Mama dazukam. „Guten Morgen, Marie. Ich wünsche euch beiden einen wunderschönen Tag“, sagte sie und strich ihrer Tochter über den Kopf.

„Danke“, erwiderten die beiden. „Wir müssen dann jetzt auch los“, erklärte Luisa. Gemeinsam gingen die beiden die alte Holztreppe mit dem grünen Geländer nach unten.

Die Holztreppe war wirklich schon sehr alt, genauso wie das Haus. Nur hatte dieses vor vielen Jahren einen neuen Anstrich bekommen. Einige der Stufen knarzten, sofern man einen Fuß auf diese setzte.

Marie öffnete die schwere braune Eingangstür und etwas Licht fiel in das Treppenhaus. Kaum hatten die beiden Mädchen das Haus verlassen, wurden sie von der herrlich warmen Sonne empfangen, die an diesem Morgen schon besonders stark schien.

Sie gingen über die vielen kleinen Steine, die den Pfad vor dem Haus bildeten. Einige der Steine waren weiß, andere wiederum braun. Manchmal hüpften die Mädchen auch von Stein zu Stein. Aber nicht an diesem Morgen. Denn irgendetwas war anders. Das hatte Marie direkt gespürt, als ihr Luisa an diesem Morgen die Tür öffnete.

Schweigend gingen die beiden

Mädchen ein paar Minuten nebeneinanderher. Doch dann hielt es Marie einfach nicht mehr aus: „Also, was ist los mit dir?“

„Nichts“, antwortete ihr Luisa. Doch Marie wusste, dass ihre Freundin sie anlog. Die beiden waren schon seit der Grundschule sehr eng befreundet und sie kannten sich so gut, wie es sonst kein anderer tat. Aus diesem Grund wusste Marie auch, dass Luisa ihr nicht die Wahrheit sagte.

„Das stimmt nicht“, entgegnete ihr Marie.

Luisa holte tief Luft und blieb mitten auf dem Gehweg stehen. Auf der Straße rauschten Autos an den beiden vorbei und verschiedene Passanten waren auf dem Weg zur Arbeit.

Traurig schaute Luisa ihre Freundin an. „Was ist denn los? Ich dachte, dir geht es heute schon besser. Bist du etwa immer noch krank?“, wollte Marie wissen und legte ihre Hand auf Luisas Schulter.

Luisa senkte ihren Blick und atmete ganz

schwer aus: „Nein, ich bin nicht mehr krank. Aber ich habe ein Geheimnis und das habe ich bisher noch niemanden verraten.“

Im ersten Moment wusste Marie gar nicht, was sie sagen sollte. Sie dachte immer, Luisa und sie würden sich alles erzählen. Aber jetzt erzählte ihre Freundin ihr etwas von einem Geheimnis, dass sie noch nicht einmal ihr anvertraut hatte.

„O...Okay...und...und was ist das für ein Geheimnis“, stotterte Marie.

So ganz konnte sie ihre Enttäuschung nicht verbergen. Marie war immer der festen Überzeugung gewesen, dass es keine Geheimnisse zwischen ihr und Luisa gab.

„Ich kann es dir nicht erzählen“, erwiderte Luisa.

Mit großen Augen schaute Marie ihre Freundin an. Warum will sie mir nicht ihr Geheimnis erzählen. Ist sie vielleicht gar nicht mehr meine Freundin, schoss es Marie durch den Kopf.

Auf einmal fühlte sich Marie nicht nur traurig, sondern auch ein wenig Wut kam in ihr auf. Sie war sauer auf Luisa, weil sie ihr einfach ihr Geheimnis nicht verraten wollte.

Langsam ging Marie weiter, ohne ein Wort zu sagen. Luisa sah ihr traurig hinterher und folgte ihr nach wenigen Sekunden.
„Marie!“, rief sie, „Jetzt warte doch mal.“ Es dauerte nicht lange und Luisa hatte ihre Freundin eingeholt. „Bitte, sei nicht sauer. Ich kann es dir nicht sagen. Sonst lachst du mich aus.“

Dieses Mal blieb Marie stehen und schaute ihre Freundin fragend an. Sie sah Luisa direkt in die Augen und konnte erkennen, dass sie sich langsam mit Tränen füllten. „Du kannst mir alles sagen. Ich würde dich niemals auslachen. Aber, wenn du dein Geheimnis nicht mit mir teilen möchtest, ist das auch okay.“

„Danke“, sagte Luisa leise.

In der Schule war Luisa fast wieder die Alte. Sie machte Späße mit Marie und die beiden sprachen in der Pause über ihre Lieblingsserie. Auf dem Nachhauseweg fragte Marie:

„Wollen wir uns heute bei mir treffen?“

Doch Luisa gab ihr keine Antwort. Das Mädchen schaute einfach nur auf dem Boden, während die beiden den grauen Fußgängerweg passierten. Nach wenigen Sekunden hakte Marie nach: „Luisa? Hast du mich gehört?“

„Hä...ja...ähm...was?“, stotterte Luisa und sah ihre Freundin verlegen an.

„Ich habe dich gefragt, ob wir uns heute Nachmittag bei mir treffen wollen?“ wiederholte Marie.

„Ja, das können wir machen“, antwortete Luisa.

Die große Eingangstür stand offen, als die beiden das gelbe Haus erreichten. Sie gingen die knarrende Holztreppe nach oben. „Dann komme ich nachher zu dir“, sagte Luisa, während sie die Wohnungstür aufschloss.

„Okay, bis dann“, erwiderte Marie, die schon von ihrer Mutter in der Tür erwartet wurde. Zum Glück wohnten die beiden Mädchen genau gegenüber, sodass der Weg nicht allzu weit war, wenn sie sich gegenseitig besuchen wollten.

Als Luisa am Nachmittag bei Marie klingelte, öffnete ihre Mutter die Tür und schickte das Mädchen direkt in Maries Zimmer. Sie saß auf ihrem Bett und zeichnete eine wunderschöne Unterwasserwelt.

Sparky hatte es sich ebenfalls wieder auf dem Bett gemütlich gemacht, wurde jedoch von dem Besuch aufgeschreckt. Freudig lief der Vierbeiner auf Luisa zu, als diese Maries Tür öffnete und „Hallo“, sagte.

Wie immer wurde Sparky ausgiebig von Luisa gestreichelt. „Na, du kleiner Süßer“, sagte Luisa und kraulte ihn hinter den Ohren. Genüsslich ließ sich Sparky auf den Boden fallen und rollte sich dann von einer Seite zur anderen.

„Was machst du da?“, wollte Luisa von Marie wissen, als sie auf das Bett zuging. „Ach, ich male nur ein bisschen“, gab Marie zur Antwort.

„Ich würde auch gerne so gut malen können wie du“, sagte Luisa etwas traurig und setzte sich neben Marie.

„Du kannst doch auch gut zeichnen“, erwiderte Marie.

„Aber nicht so gut wie du“, antwortete Luisa und sah sich in Maries Zimmer um. Obwohl die beiden im gleichen Haus wohnten, hatte Luisa ein viel größeres Zimmer als Marie.

Dennoch fühlte sich das Mädchen bei ihrer Freundin immer wohler. Nicht nur Maries Zimmer, sondern die gesamte Wohnung war immer so gemütlich und einladend.

Mittlerweile hatte auch Sparky wieder den Weg auf das Bett gefunden. Eingekuschelt zwischen den beiden Mädchen hielt der Vierbeiner nun sein Nachmittagsschläfchen und schnarchte dabei vor sich hin.

Verträumt ließ Luisa ihren Blick durch

Maries Zimmer streifen. Der große offene Kleiderschrank war vollgestopft mit verschiedenen Klamotten. Auf Maries Schreibtisch standen eine Menge Becher mit Stiften und an den weißen Wänden hingen viele selbstgemalte Bilder, die Luisa schön fand.

„Was ist los?“, fragte Marie ihre Freundin.

Luisa schloss für einen Augenblick ihre Augen und atmete ganz tief ein und wieder aus. Dann schaute sie Marie an, die ihrer Freundin ein Lächeln schenkte. In diesem Moment konnte Luisa einfach nicht anders. Sie musste ihrer Freundin ihr Geheimnis anvertrauen.

„Ich habe Angst vor der Dunkelheit“, platzte es auf einmal aus Luisa heraus. Marie wusste im ersten Moment gar nicht, was sie sagen sollte, während Luisa sie erwartungsvoll ansah.

„Ist das dein Geheimnis?“, fragte Marie zögerlich. Doch Luisa nickte nur.

Ganz vorsichtig legte Marie ihre Hand auf Luisas Arm: „Das ist doch aber nicht

schlimm.“

„Doch ist es!“, protestierte Luisa und riss ihren Arm weg. „Ich bin doch kein Baby und habe Angst im Dunkeln. Die anderen würden über mich lachen, wenn sie das herausbekommen.“ Luisa war den Tränen nahe.

Marie versuchte ihre Freundin zu beruhigen: „Es gibt viele Menschen, die Angst vor der Dunkelheit haben. Dafür muss man sich nicht schämen. Außerdem werden es die anderen nicht erfahren. Ich sage nichts.“

Mit ihren blauen Augen sah Luisa ihre Freundin an und fragte: „Verrätst du wirklich nichts?“

„Versprochen. Hoch und heilig. Von mir wird niemand etwas erfahren“, versprach Marie und machte mit Zeige- und Mittelfinger ein Handzeichen.

Erleichtert atmete Luisa auf und setzte sich wieder entspannt auf das Bett. Auch Marie spürte, dass sich ihre Freundin wieder entspannte und so hakte sie nochmal nach: „Seit wann hast du denn Angst in der Dunkelheit.“

„Schon seit ich ganz klein war. Ich hatte irgendwann mal so einen schlimmen Albtraum. Aber ich weiß gar nicht mehr, was ich überhaupt geträumt hatte. Auf jeden Fall habe ich seitdem immer Angst im Dunkeln und konnte jede Nacht nur mit einem Licht schlafen.

Vor einigen Tagen hat mein Vater allerdings gesagt, dass ich langsam zu alt dafür bin und es nicht mehr brauche. Seither schlafe ich nachts fast gar nicht mehr. Ich habe solche Angst, wenn das Licht aus ist." Je mehr Luisa erzählte, umso trauriger wurde sie wieder.

Sie richtete ihren Blick auf den braunen Holzboden, um Marie nicht in die Augen schauen zu müssen. Sie wusste, dass sie sonst wieder anfangen würde zu weinen. Deshalb schaute sie sich die Holzdielen an und erkannte ein paar Kratzspuren. Die stammen bestimmt von Sparky, dachte sich Luisa.

Marie ließ ihrer Freundin einen Moment und sagte dann: „Weißt du. Ich habe auch ganz viel Angst vor verschiedenen Dingen. Aber meine Mama hat mal gesagt, Angst beginnt immer im Kopf und Angst ist auch kein guter Begleiter."

„Das verstehe ich nicht“, verdutzt sah Luisa ihre Freundin an, während sie zur Beruhigung den schlafenden Sparky streichelte, der sich von dieser Streicheleinheit aber gar nicht aus der Ruhe bringen ließ.

„Na, unsere meisten Ängste entstehen alle im Kopf. Wir haben Angst vor Dingen, vor denen wir uns eigentlich nicht fürchten müssen, weil wir vergessen haben, wie mutig und stark wir eigentlich sind. Früher haben die Menschen die Angst gebraucht, um sich beispielsweise vor großen Tieren in Sicherheit zu bringen.
Heute verhindert die Angst aber oftmals, dass wir glücklich sind. Dabei ist die Angst nur in unserem Kopf und nicht wirklich real. Wenn ich dir jetzt etwas erzähle, versprichst du mir, dass du es dann auch für dich behältst?“, wollte Marie wissen.

„Versprochen“, entgegnete ihr Luisa und machte das gleiche Handzeichen.
„Ich hatte solche Angst gestern in die Schule zu gehen. Weil ich wusste, dass ich ganz allein bin. Und ich hatte Angst davor, mein Gedicht vor der Klasse vorzutragen, weil die anderen doch manchmal

so gemein zu mir sind“, erklärte Marie.

„Das tut mir leid“, wisperte Luisa.

„Alles gut“, erklärte Marie. „Meine Mama hat mir etwas Tolles gesagt und gezeigt.“ Marie stand auf und ging zu ihrem Schreibtisch.

Sie kam mit einem Stück Papier zurück und zeigte es Luisa: „Das ist meine Angst-Liste. Auf diese schreibe ich alles, was mir Angst macht oder vor dem ich mich fürchte. Und jedes Mal, wenn ich mich einer Angst gestellt habe, streiche ich es durch.“

Dann stand Marie auf und ging zur Tür: „Und hier ist meine Das-habe-ich-geschafft-Liste. Auf diese schreibe ich alles, was ich schon geschafft habe. Die Liste kann ich mir jeden Tag ansehen, damit ich weiß, wie mutig ich eigentlich bin.“

„Das ist ja toll.“ Luisa war ganz begeistert. „Und meinst du, ich kann mir auch solche Listen machen, damit ich meine Ängste überwinde?“

„Na klar“, antwortete Marie wie aus der Pistole geschossen. Und schon stand das Mädchen auf und suchte Papier und Stifte zusammen. Gemeinsam bastelten die beiden eine Angst- und eine Das-habe-ich-geschafft-Liste für Luisa.

Als die beiden fertig waren, sah sich Luisa ihre Blätter an und sagte: „Das werde ich heute Abend gleich ausprobieren.“ Sie nahm sich einen Stift und schrieb auf ihre Angst-Liste Ich habe Angst vor der Dunkelheit.

„Du musst immer nur daran denken, dass deine Angst in deinem Kopf ist. Es gibt nichts, vor dem du dich in der Dunkelheit fürchten müsstest – schon gar nicht, wenn du in deinem gemütlichen Bett liegst“, scherzte Marie und Luisa musste lachen.

Wahrscheinlich hatte Marie recht und es gab tatsächlich gar nichts, wovor sich Luisa in der Dunkelheit fürchten musste. Aber manchmal kann die Angst auch so stark sein, dass wir uns Dinge einbilden.

Die beiden quatschten noch eine ganze Weile. Doch dann war es Zeit für Luisa wieder nach Hause zu gehen. Zum Glück war ja der Weg nicht so weit. Sie nahm ihre Blätter und verabschiedete sich von Maries Mutter.

-

In ihrem Zimmer suchte Luisa zunächst einen Platz für ihre Das-habe-ich-geschafft-Liste. Sie fand, dass die Liste an der Wand gegenüber ihrem Bett genau der richtige Ort war. Denn leider war an der Tür kein Platz mehr. Dort hing nämlich ein Poster ihrer Lieblingssängerin und das wollte sie auf keinen Fall abmachen.

Aber von ihrem Bett aus, konnte Luisa die Liste an der blauen Wand sehr gut sehen und sich auf diese Weise immer wieder daran erinnern, was sie alles schon geschafft hatte.

-

Am Abend kam ihre Mutter noch einmal in ihr Zimmer, um Luisa gute Nacht zu sagen. „Soll ich das Licht noch ein wenig anlassen?“, fragte sie.

„Nein, das musst du nicht“, gab Luisa ihr zu Antwort. Ihre Mama lächelte sie an, strich ihr eine blonde Haarsträhne aus dem Gesicht und gab Luisa einen Kuss auf die Stirn. Dann machte ihre

Mutter das Licht aus und schloss die Tür hinter sich.

Im ersten Moment überkam Luisa das Gefühl der Angst. Doch dann erinnerte sie sich an Maries Worte: Die Angst ist nur in deinem Kopf! Und so stellte sich Luisa vor, dass ihre Angst ein niedliches Kätzchen ist.

Luisa liebte kleine Katzen. Am liebsten hätte sie auch eine gehabt, aber leider war ihre Mutter allergisch gegen Tierhaare. Aus diesem Grund musste sie sich auch immer gründlich die Hände waschen, sofern sie Marie besuchte.

Luisa verwandelte ihre Angst in ein kleines grau-weiß gestreiftes Kätzchen mit langen weißen Schnurrhaaren und ganz grünen Augen. Luisa stellte sich vor, wie sie das weiche, kuschelige Fell des Kätzchens streichelte und dieses dabei ganz leise schnurrte.

Je länger Luisa an das Kätzchen dachte, desto schneller verflog das Gefühl der Angst. Und so dauerte es auch gar nicht lange und Luisa konnte einschlafen – ohne dabei Angst vor der Dunkelheit zu haben.

# Charlotte hat ein Problem

Als Marie und Luisa einige Tage später von der Schule nach Hause kamen, saß Charlotte auf der untersten Stufe der Treppe und schaute traurig auf den ausgeblichenen Holzfußboden des Treppenhauses.

Verwundert schauten sich die beiden Freundinnen zunächst einmal an. Sie kannten Charlotte bisher nur flüchtig. Sie ging auf eine andere Schule und war auch ein Jahr älter als die beiden.

Bis auf ein paar Begrüßungen, wenn sie sich im Hausflur begegneten, hatten die Mädchen bisher noch nicht viele Worte miteinander gewechselt.

Nach einigen Sekunden nahm Marie jedoch allen Mut zusammen und fragte Charlotte: „Ist alles okay bei dir?“ Charlotte hob ihren Kopf und schaute die beiden Mädchen fragend an.

„Was geht euch das an?“, blaffte sie.

„Sorry, wir wollten nur höflich sein. Vielleicht können wir dir ja helfen“, erklärte Luisa.

„Wie sollt ihr mir schon helfen können? Ihr seid doch noch Babys“, zischte Charlotte und rannte die Treppe dann nach oben.

Wie angewurzelt blieben Marie und Luisa zunächst einmal stehen. Marie zog ihre rechte Augenbraue nach oben: „Was ist denn mit der los?“

Aber Luisa zuckte einfach nur mit den Schultern. Sie gingen langsam die einzelnen Stufen nach oben und hörten, wie im oberen Geschoss eine Tür aufging.

Lautes Babygeschrei drang aus der Wohnung. Einen kurzen Moment später hörten die beiden Mädchen, wie die Wohnungstür wieder ins Schloss fiel. Ohne etwas zu sagen, gingen die beiden Mädchen jede für sich in ihre Wohnung.

-

Nachdem Marie und Luisa ihre Hausaufgaben gemacht hatten, gingen die beiden in den Garten. Luisa hatte eine große rote Decke mitgebracht und Marie einen Weidekorb mit Getränken und einigen Snacks. Gemeinsam machten es sich die Mädchen unter dem großen Apfelbaum gemütlich.
Es war ein herrlicher Sommertag.

Die Sonne stand weit oben am Himmel und ließ ihre warmen Strahlen auf die Erde scheinen. Keine einzige Wolke war am Himmel zu sehen.
Dafür summten viele fleißige Bienen durch den bunten Garten. Sie hüpften von einer Sonnenblume zur nächsten und versuchten so viel Nektar wie möglich zu sammeln.

Marie und Luisa lagen gedankenverloren auf der weichen Decke und ließen sich die warmen Sonnenstrahlen auf die Haut scheinen.

Doch auf einmal wurde die Stille von einem zaghaften „Hallo“, unterbrochen.

Etwas erschrocken schauten die beiden Mädchen nach oben. Die hellen Sonnenstrahlen blendeten die Augen der beiden und so mussten sie eine Hand an die Stirn halten, um überhaupt zu erkennen, wer mit ihnen gesprochen hatte.

Es war Charlotte, die verlegen mit ihrem Oberkörper hin und her schaukelte, während sie nervös versuchte, ihre Hände unter Kontrolle zu bringen. „Ich...ich wollte mich bei euch entschuldigen“, stammelte das Mädchen mit den roten Haaren und den vielen Sommersprossen im Gesicht.

Marie und Luisa setzten sich auf und wussten zunächst gar nicht, was sie sagen sollten. Ohne lange nachzudenken, sagte Luisa nach wenigen Minuten des Schweigens: „Ist schon okay. Möchtest du dich zu uns setzen.“

Im ersten Moment zögerte Charlotte noch ein wenig. Aber Marie deutete mit ihrer Hand auf die rote Decke und signalisierte Charlotte damit, dass genau dort ein Platz für sie frei wäre. Genau in der Mitte von Marie und Luisa. Bei dieser freundlichen Einladung konnte Charlotte gar nicht anders und nahm Platz.

„Möchtest du vielleicht etwas essen oder trinken?“, fragte Marie und kramte im Weidekorb herum.
„Nein, danke“, antwortete Charlotte, „Ich wollte mich bei euch für mein Benehmen vorhin entschuldigen. Und auch dafür, dass ich euch Babys genannt habe. Das tut mir wirklich leid und war nicht so gemeint.“

„Entschuldigung angenommen“, lächelte Marie und Luisa nickte zustimmend.

„Was war denn los? Also, ich meine... Du musst es uns natürlich nicht erzählen, wenn du nicht willst“, sagte Marie verständnisvoll und schaute Charlotte an.

Bisher waren Marie die vielen Sommersprossen und die ganz grünen Augen in ihrem Gesicht gar nicht so aufgefallen. Aber Marie erkannte auch eine gewisse Traurigkeit in den Augen von Charlotte: „Wenn du

magst, kannst du mit uns über alles reden. Wir sagen auch nichts weiter."

Ein zartes Lächeln huschte über Charlottes Gesicht: „Das wäre echt toll. Ich habe sonst nicht wirklich jemanden, mit dem ich über mein Problem reden kann."

„Das ist aber traurig", erwiderte Luisa. „Wir hören dir gerne zu."
Auf Charlottes Gesicht spiegelte sich ein gemischter Ausdruck aus Traurigkeit und Dankbarkeit. Das Mädchen holte noch einmal tief Luft und dann sagte sie: „Ich habe vor einigen Monaten einen kleinen Bruder bekommen." Am Ende ihres Satzes seufzte Charlotte ganz tief.

„Aber das ist doch toll", sagte Marie einfühlsam. „Ich habe auch einen Bruder. Der ist allerdings älter als ich."

„Ich habe auch gedacht, dass es ganz toll sein wird, einen kleinen Bruder zu haben. Aber jetzt ist es das irgendwie gar nicht. Meine Eltern haben gar keine Zeit mehr für mich und alles dreht sich nur noch um Lukas.
So heißt mein Bruder. Und außerdem weint

er die ganze Zeit und Mama ist ständig nur müde. Sie ist so müde, dass sie mir nicht mal mehr bei den Hausaufgaben helfen kann.“ Verlegen malte Charlotte mit ihrem Zeigefinger Muster in die Decke.

„Puh, das stell ich mir ziemlich anstrengend vor. Ständig das Weinen eines Babys zu hören“, erklärte Luisa, doch Charlotte nickte einfach nur.

„Aber Babys weinen nun mal sehr viel. Auf diese Weise teilen sie den Erwachsenen ihre Bedürfnisse mit. Ansonsten würden die Eltern ja nicht wissen, wann sie Hunger haben oder die Windel voll ist“, gab Marie zu bedenken.

Luisa warf ihrer Freundin einen strafenden Blick zu. Sie hielt es nicht für angemessen, dass Marie jetzt mit ihrem Wissen über Babys prahlte. Aber Marie warf Luisa einen fragenden Blick zurück und zuckte anschließend schnippisch mit den Schultern.

„Eigentlich stört mich das Weinen auch gar nicht sooo sehr“, sagte Charlotte leise, während sie weiter ihre Finger über die weiche Decke strich. „Was ist dann das Problem?“, wollte Marie ungeduldig wissen.

Wieder holte Charlotte tief Luft und atmete dieses Mal ganz schwer aus. Marie und Luisa merkten, dass das Problem wie ein Stein auf dem Herzen von Charlotte liegen musste.

Mit einfühlsamem Blick schauten die beiden Freundinnen das Mädchen an, das zwischen ihnen saß. Einige Sekunden lang blieb es still. Doch dann sagte Charlotte leise: „Ich habe das Gefühl, dass meine Eltern mich einfach nicht mehr liebhaben!“
Jetzt war es raus! Und für Charlotte fühlte es sich an, als wäre ihr tatsächlich eine schwere Last vom Herzen gefallen. Bisher hatte sie noch mit niemandem darüber gesprochen. Alles hatte sie in sich reingefressen.

„Wie kommst du darauf?“, fragten Luisa und Marie gleichzeitig.

„Als meine Mama schwanger war, hat sie gesagt, dass das ganz toll werden wird. Ich würde eine große Schwester sein und ich müsste mir keine Gedanken machen. Zuerst war auch alles toll. Ich bin mit Mama einkaufen gegangen und wir haben einen Kinderwagen und viele Sachen für Lukas gekauft.

Dann haben wir sein Zimmer in einem schönen Grün gestrichen und die Wände mit lustigen Figuren dekoriert. Aber irgendwann hat sich dann alles geändert. Mama konnte nicht mehr so viel machen und musste ganz viel liegen.

Alles hat sich nur noch um Lukas gedreht, der aber noch nicht mal auf der Welt war. Ich sollte immer nur meine Aufgaben erfüllen und gute Leistungen in der Schule bringen. Und wenn ich dann doch mal eine schlechte Note nach Hause gebracht habe, waren meine Eltern sauer.

Jetzt ist Lukas seit ein paar Monaten da und immer noch dreht sich alles nur um ihn. Mama hat abends keine Zeit mehr, um sich bei mir ans Bett zu setzen. Das hat sie früher immer getan.

Sie hat mir über den Kopf gestreichelt und mich gefragt, wie mein Tag war. Ich habe ihr dann alles erzählt, was passiert war. Dann haben wir noch ein bisschen

gekuschelt und sie hat mir einen Gute-Nacht-Kuss gegeben. Jetzt kommt sie nur noch kurz zu mir ans Bett und geht dann wieder.
Alles dreht sich nur noch um meinen kleinen Bruder. Es ist vollkommen egal, was ich tue. Egal, welche Zensuren ich habe oder welche Aufgaben ich im Haushalt erledige. Ich fühle mich einfach ganz allein.“ Kaum hatte Charlotte ihren Satz beendet, füllten sich ihre grünen Augen auch schon mit Tränen.

Reflexartig griff Marie in den Korb und holte eine Packung Taschentücher heraus und gab sie Charlotte. „Danke“, schniefte das Mädchen.

„Das ist ja alles großer Mist“, sagte Luisa und legte Charlotte tröstend ihre Hand auf die Schulter. „Hast du denn schon mal mit deinen Eltern gesprochen?“

Doch Charlotte schüttelte nur mit dem Kopf.
„Warum denn nicht?“

„Ich trau mich einfach nicht“, gab Charlotte zu und wischte sich die Tränen aus dem Gesicht.

„Nicht einmal meine Freundinnen aus der Schule wissen, was bei mir zu Hause los ist. Dass ich das Gefühl habe, dass meine Eltern mich nicht mehr liebhaben oder dass ich einfach nicht genug bin."

„Wieso sagst du so was?", wollte Marie wissen.

„Na, warum wollten sie denn noch ein Kind?", schluchzte Charlotte verzweifelt.

„Ich glaube wirklich nicht, dass es etwas mit dir zu tun hat", gab Marie zu bedenken.

„Wenn jemand ein Geschwisterkind bekommt, heißt das doch nicht, dass die Eltern einen nicht mehr lieb haben oder dass man nicht genug ist. Mit Geschwistern aufzuwachsen, kann auch ganz toll sein."

„Meinst du wirklich?", fragte Charlotte zögerlich nach.

„Ganz sicher", erwiderte Marie. „Mein Bruder hat mir mal erzählt, dass er auch öfter eifersüchtig war als ich ein Baby war, weil Mama sich die ganze Zeit um mich gekümmert hat. Und manchmal hat er sich auch gefragt, ob Mama ihn noch lieb hat. Irgendwann war er dann mutig und hat sie gefragt."

„Und was hat eure Mama gesagt?"

„Sie hat gesagt, dass sie ihn immer liebhaben wird – genauso doll, wie sie mich lieb hat. Und dass er überhaupt nicht eifersüchtig sein muss. Denn er wäre jetzt ein großer Bruder, der auf seine kleine Schwester aufpassen und ihr vieles beibringen muss.
Und dafür muss er sich nicht verändern, sondern soll so bleiben wie er ist. Denn er ist gut genug, so wie er ist. Und auch du bist gut genug, so wie du bist.

Du musst dich nicht verändern oder verstellen. Aber vor allem musst du nicht eifersüchtig sein. Denn dein kleiner Bruder ist keine Konkurrenz, sondern kann auch dein bester Freund werden."

„Meinst du wirklich?", fragend sah Charlotte Marie an, die jedoch nur zustimmend nickte.

„Vielleicht solltest du aber doch mal mit deinen Eltern reden und ihnen deine Sorgen erklären“, gab Luisa zu bedenken.

„Vielleicht werde ich das wirklich tun. Aber danke, dass ihr mir zugehört habt.
Und Entschuldigung nochmal dafür, dass ich euch Babys genannt habe. Das war wirklich blöd von mir und kommt nie wieder vor. Ihr seid definitiv keine Babys“, Charlotte schaute die beiden Mädchen entschuldigend an.

„Alles gut!“

Am Abend nahm Charlotte all ihren Mut zusammen und ging zu Lukas in das Zimmer. Ihre Mama hatte schon das niedliche Schlummerlicht angemacht, das sie gemeinsam für ihren kleinen Bruder ausgesucht hatten.

Viele leuchtende Sterne waren an der dunkelblauen Decke des Raumes zu sehen. Charlottes Mama war gerade dabei, das Baby für die Nacht anzuziehen.

„Kann ich dir helfen?“, fragte Charlotte schüchtern und blieb im Türrahmen stehen.

Überrascht drehte sich ihre Mama um und antwortete: „Natürlich kannst du das. Du bist doch seine große Schwester.“

Trotz ihrer Müdigkeit lächelte Charlottes Mutter sie liebevoll an. Das Mädchen ging zum Wickeltisch, auf dem der kleine Junge lag, vergnügt strampelte und sich die Finger in den Mund steckte.
Ihre Mama zeigte ihr, wie Charlotte ihrem kleinen Bruder den Schlafanzug anziehen sollte. Vorsichtig nahm das Mädchen die kleinen Arme und zog ihrem Bruder das Oberteil an.

Dem schien das sichtlich zu gefallen. Anschließend war die Hose dran. Und auch das klappte ganz ohne Probleme.

„Du machst das richtig gut“, lobte ihre Mama sie. Und zum ersten Mal seit langer Zeit überkam Charlotte ein wohliges Gefühl.

„Möchtest du Lukas in sein Bettchen legen?“, fragte ihre Mutter. Charlotte zögerte: „Ich weiß nicht.“

„Du schaffst das“, ihre Mama legte ihr das Baby in den Arm.

Lukas schaute seine Schwester mit großen Kulleraugen an und Charlotte erkannte, dass er die gleiche Augenfarbe wie sie hatte.

Er lächelte und gluckste. Lukas fühlte sich rundum wohl im Arm seiner großen Schwester. Ganz vorsichtig brachte Charlotte den kleinen Jungen zum Bett und legte ihn behutsam hinein.

Dann gab sie ihm noch einen Kuss auf die Stirn. Ihre Mama zog die Spieluhr auf, die am Gitterbettchen hing und gemeinsam verließen sie das Zimmer.

Als ihre Mutter ganz leise die Tür hinter den beiden verschloss, fragte Charlotte schüchtern:
„Mama, kann ich kurz mit dir reden?“

„Aber natürlich, mein Schatz. Lass uns aufs Sofa gehen. Da ist es gemütlicher.“

Als Charlotte neben ihrer Mutter auf dem Sofa saß, spielte sie nervös an ihren Fingern. Beruhigend legte Charlottes Mama ihre Hand auf die ihrer Tochter: „Was ist los?“

Nervös und auch ein bisschen ängstlich sah Charlotte ihre Mama an. „Du weißt, dass du mit mir über alles reden kannst“, bestärkte ihre Mutter sie.

Für einen Moment schloss Charlotte ihre Augen, nahm einen tiefen Atemzug und sagte dann: „Ich habe das Gefühl, dass du und Papa mich gar nicht mehr so richtig lieb habt...seit Lukas da ist.“
Puh...wieder hatte Charlotte das Gefühl, als wäre sie einen schweren Stein losgeworden.

Ohne zu zögern, nahm ihre Mutter sie in den Arm: „Wir haben dich immer noch genauso lieb wie früher. Du bist in letzter Zeit einfach zu kurz gekommen. Das tut mir leid. Aber ich möchte nicht, dass du denkst, dass wir Lukas lieber haben als dich. Denn das ist nicht wahr. Wir lieben euch beide so sehr.“

Charlotte genoss die Umarmung ihrer Mutter. Sie spürte die Wärme und roch das liebliche Parfum, das ihre Mutter jeden Tag trug. Am liebsten hätte sie ihre Mama nie wieder losgelassen.

Liebevoll streichelte ihre Mutter ihr über den Kopf, gab ihr einen Kuss auf die Stirn und sah ihrer Tochter dann in die Augen: „Es tut mir wirklich leid, wenn du das Gefühl hattest, dass wir dich weniger lieben würden als Lukas. Und es gibt auch keine Entschuldigung dafür. Das war einfach falsch von deinem Vater und mir. Ich verspreche dir, dass wir das in Zukunft ändern werden. Denn ich möchte nicht, dass du das Gefühl hast, dass du uns nicht wichtig bist. Du bist uns wichtig und wir lieben dich – so wie du bist."

Charlotte war sprachlos und so nickte sie einfach nur. Wieder zog ihre Mutter sie ganz fest an sich und drückte sie. Charlotte spürte die Liebe ihrer Mama – genau das hatte sie die ganze Zeit vermisst.

„Was hältst du davon, wenn wir am Wochenende mal wieder einen Mädelsausflug machen?", schlug ihre Mutter vor.

Das Mädchen riss sich aus der Umarmung ihrer Mutter:
„Dein Ernst!".

Mit einem breiten Lächeln auf den Lippen nickte ihre Mama.

„Das wäre toll“, platzte es aus Charlotte heraus.

„Dann machen wir das, mein Schatz“, versprach ihre Mama.

„Kann ich dich noch etwas fragen?“, wollte Charlotte schüchtern wissen.

„Natürlich!“

„Kannst du dich heute Abend wieder an mein Bett setzen...so wie früher?“

Liebevoll streichelte Charlottes Mama ihr über die Wange: „Das mache ich. Und ab jetzt auch wieder jeden Abend!“

-

Wie versprochen hatte sich Charlottes Mama zu ihr am Abend an das Bett gesetzt. Charlotte erzählte ihr den neuesten Tratsch aus der Schule und gemeinsam lachten sie so viel wie schon lange nicht mehr.

Im Bett liegend fragte sich Charlotte, ob sie schon früher mit ihrer Mama hätte sprechen sollen. Dann wäre sie vielleicht gar nicht erst eifersüchtig auf Lukas gewesen und hätte sich so schlecht gefühlt.

Ab jetzt nahm sich Charlotte vor, bei Sorgen oder Problemen immer gleich zu ihrer Mama zu gehen. Und wenn sie keine Zeit haben sollte, waren ja auch noch Marie und Luisa da.

Denn Charlotte fand, dass man mit den beiden Mädchen ganz toll reden konnte – viel besser als mit ihren Freundinnen aus der Schule.

Mit diesem guten Gefühl schlief Charlotte an diesem Abend ein. Denn sie wusste nun, dass sie ihre Sorgen oder Probleme nicht allein mit sich herumtragen musste. Es gab Menschen, die die Last mit ihr teilen würden.

# Sophie findet neue Freunde

Es war ein schöner Sommertag. Die Sonne schien mit warmen Strahlen vom blauen Himmel, an dem keine einzige Wolke zu sehen war. Die Vögel zwitscherten vergnügt vom Dach des gelben Hauses.
Im Garten war fröhliches Kinderlachen und Gegacker zu hören.

Doch das alles interessierte Sophie nicht. Sie saß stattdessen mit hängendem Kopf und traurigen Augen auf ihrem Bett und starrte auf ihr Zeugnis. Nur eine Eins! Das war's, schoss es Sophie durch den Kopf.

Nach den Sommerferien müsste sie vom Gymnasium auf

eine andere Schule wechseln, weil ihre Leistungen in der letzten Klasse schlechter wurden. Darauf hatte Sophie gar keine Lust.
Sie würde in eine neue Klasse kommen, in der sie niemanden kannte und ihre Freundinnen vom Gymnasium würde sie wahrscheinlich auch nicht mehr sehen.

Sie hatten sich schon alle lustig über Sophie gemacht, weil sie nicht in die nächste Gymnasiums-Klasse versetzt wurde. Sophie erinnerte sich noch ganz genau an den Tag, als ihre Eltern zu einem Gespräch beim Direktor gebeten wurden.

„Sophie hat in den letzten Wochen und Monaten stark an Leistung abgebaut“, hatte er gesagt.
„Es wäre besser, wenn sie auf eine andere Schule wechseln würde.“ Das war wie ein Schock für Sophie.

Eigentlich war sie immer eine gute Schülerin. Sie schrieb Einsen und Zweien, nur manchmal eine Drei. Aber im letzten Schuljahr war alles irgendwie anders. Zuerst war ihre beste Freundin Amelie mit ihren Eltern nach England ausgewandert und dann wurde auch

noch ihr Opa krank.
Sophie liebte ihren Opa sehr. Er war der Einzige, der immer zu ihr hielt und mit dem sie wirklich über alles sprechen konnte. Ihr Opa hatte immer einen guten Tipp für sie und ein offenes Ohr, wenn sie mal ein Problem hatte. Und als er krank wurde, hatte Sophie solche Angst, dass er bald nicht mehr da sein würde. So verbrachte sie die Nachmittage ganz oft bei ihm im Krankenhaus, las ihm Geschichten vor oder ging mit ihm spazieren.

An Schule dachte Sophie in dieser Zeit nur selten. Als ihr Opa dann wieder gesund war, hatte Sophie es nicht mehr geschafft, den Unterrichtsstoff nachzuholen. Sie schrieb eine Vier und Fünfen nach der anderen. Irgendwann konnte Sophie es auch nicht mehr vor ihren Eltern geheim halten.

Denn schließlich fragten die Lehrer das Mädchen immer wieder, warum die schlechten Zensuren nicht unterschrieben wurden. Zuerst rief die Klassenlehrerin bei Sophie zu Hause an und dann folgte die Einladung des Direktors. Anders als erwartet, reagierten ihre Eltern jedoch sehr gelassen und verständnisvoll.

Sie machten Sophie keine Vorwürfe, sondern sagten, dass es vielleicht wirklich gut wäre, eine andere Schule zu besuchen. Doch das wollte Sophie absolut nicht.

„Es geht aber nicht anders“, hatten ihre Eltern ihr gesagt. Und nun hielt sie ihr Zeugnis in der Hand. Das war wirklich kein Zeugnis einer Schülerin, die aufs Gymnasium ging. Vollkommen in ihren Gedanken versunken, bemerkte Sophie überhaupt nicht, dass ihre Mutter zu ihr ins Zimmer gekommen war. Erst als diese vor ihr stand, nahm Sophie sie wahr.

„Hast du mich nicht gehört?“, fragte ihre Mama.

„Ähm...nein...Wieso? Was ist denn?“, stotterte Sophie ganz verdattert.

Schweigend setzte sich ihre Mutter neben sie aufs Bett und nahm ihr das Zeugnis aus der Hand. „Es ist nicht schlimm, dass du nach den Ferien auf eine andere Schule gehen musst“, sagte sie beschwichtigend.

„Doch! Das ist es!“, protestierte Sophie und riss ihrer Mutter das Zeugnis aus der Hand, legte es neben sich auf das Bett und verschränkte bockig ihre Arme vor der Brust.

„Das letzte Jahr war ziemlich schwer für dich. Zuerst der Umzug von Amelie und dann die Erkrankung von Opa. Das war alles ein bisschen viel für dich. Auf der neuen Schule kannst du noch einmal ganz von vorne anfangen. Und sicherlich findest du auch neue Freunde“, liebevoll legte ihre Mutter Sophie die Hand auf die Schulter und streichelte sie. Doch Sophie schniefte nur bockig.

„Es wird alles gut. Du wirst schon sehen.“

„Nein. Wird es eben nicht“, grummelte Sophie. „Was werden die anderen Kinder von mir denken? Die werden mich bestimmt ärgern, weil ich vom Gymnasium auf ihre Schule wechsle. Die werden mich für dumm halten, weil ich es auf dem Gymnasium nicht geschafft habe. Genauso wie Larissa und Ella.“

„Was ist mit Larissa und Ella?“, fragte ihre Mutter etwas überrascht.

„Sie haben sich über mich lustig gemacht,

weil ich nach den Ferien nicht mehr auf das Gymnasium gehe. Dabei habe ich immer gedacht, dass sie meine Freundinnen sind.“

„Freunde, die sich über einen lustig machen, sind keine echten Freunde“, gab ihre Mutter zu bedenken.

Unschlüssig schaute Sophie ihre Mama an. Ihre großen braunen Augen wurden glasig. Sophies Mutter nahm sie in den Arm und streichelte ihr über die wuscheligen braunen Locken. „Du wirst ganz bestimmt neue Freunde finden. Richtige Freunde. Freunde, die sich nicht über dich lustig machen und die zu dir halten.“

„Und wenn die anderen Kinder mich auslachen, weil ich früher auf dem Gymnasium war?“, schluchzte Sophie.

„Wenn die anderen nicht erkennen, wie groß- und einzigartig du bist, ist das ihr Problem.
Nicht DEINS! Glaube an dich und deine Stärken. Jeder Mensch hat Schwächen und Stärken. Und nur, weil du vom Gymnasium auf eine andere Schule wechselst, bist du nicht schwach.

Von denen weiß niemand, was du das letzte Schuljahr alles durchgemacht hast. Und wie stark du warst, als dein Opa krank war oder als deine beste Freundin ausgewandert ist.

Deine schulischen Schwächen auf dem Gymnasium machen dich nicht aus. Es sind deine Stärken, die dich zu der Sophie machen, die wir alle lieben. Und wer dich richtig kennenlernt, wird das auch sehr schnell erkennen. Richtige Freunde wird es nicht weiter interessieren, ob du auf dem Gymnasium warst und warum du jetzt die Schule wechselst. Richtigen Freunden geht es nur um dich."

Mit Tränen auf den Wangen schaute Sophie ihre Mama an und flüsterte dann: „Ich habe dich lieb."

Ihre Mama wischte ihr die Tränen aus dem Gesicht: „Ich habe dich auch lieb, mein kleiner Lockenkopf. Magst du nicht auch ein wenig in den Garten gehen? Da sind die anderen Mädchen aus dem Haus. Vielleicht könnt ihr ja ein wenig Zeit miteinander verbringen. So kommst du sicherlich auf andere Gedanken."

Sophie zuckte zunächst nur mit den

Schultern. Dann gab ihre Mutter ihr einen Kuss auf die Stirn und verließ das Zimmer.

Aus dem Garten war lautes Lachen zu hören und so wurde Sophie ein wenig neugierig.
Sie schaute aus dem Fenster und sah Marie, Luisa und Charlotte, die sich auf der Wiese mit Wasserbomben bewarfen. Die Mädchen hatten so großen Spaß, dass selbst Sophie beim Zusehen schmunzeln musste.

Sophie war sich unsicher, ob sie zu den anderen Mädchen nach unten auf die Wiese gehen sollte. Denn schließlich hatte sie bisher mit den anderen noch nicht viel gesprochen, sondern sie lediglich im Hausflur gesehen.
Nach einigen Minuten des Überlegens fasste sich das Mädchen jedoch ein Herz und ging nach unten in den Garten.
„ATTACKEEEE!", rief Marie und warf eine riesige Wasserbombe auf Luisa und Charlotte. Doch der mit Wasser gefüllte Ballon verfehlte sein Ziel und zerplatzte vor Sophies Füßen. Das kühle Nass spritzte an die Beine des Mädchens.

„Ups... Entschuldigung", sagte Marie. Die drei

Mädchen sahen Sophie etwas erschrocken an. Doch sie lächelte nur und fragte: „Kann ich mitmachen?“

Überrascht sahen sich Marie, Luisa und Charlotte an.

„Du bist in meinem Team“, sagte Charlotte dann euphorisch. Ohne lange darüber nachzudenken, ging Sophie zu Charlotte und rüstete sich mit einer Menge Wasserbomben aus.

Gemeinsam versuchten die beiden Mädchen das Team von Luisa und Marie so oft wie möglich zu treffen. Doch das war gar nicht so einfach. Denn auch Marie und Luisa warfen ihre Bomben schnell und gezielt auf die beiden.

Im Sekundentakt flogen die Wasserbomben über die Wiese und wechselten die Seiten. Erst als keine Ballons mehr übrig und alle vier Mädchen ganz nass waren, setzten sie sich gemeinsam auf die Wiese.

Sophie rieb sich die Wassertropfen aus dem Gesicht. „Das hat richtig Spaß gemacht“, sagte sie und die anderen nickten zustimmend. „Du wohnst doch gegenüber von mir, oder?“, wollte Charlotte dann von Sophie wissen.

„Ja“, sagte das Mädchen ein wenig schüchtern und strich sich eine ihrer Locken aus dem Gesicht.

„Schade, dass wir nicht schon früher miteinander gesprochen haben. Dann hätten wir schon im letzten Sommer so einen Spaß gehabt“, gab Marie zu bedenken.

Etwas verlegen schaute Sophie auf die grüne Wiese. „Irgendwie ist das schon komisch. Wir leben schon seit so vielen Jahren alle im gleichen Haus und außer Marie und mir haben wir sonst eigentlich keinen Kontakt gehabt“, erwiderte Luisa. Nachdenklich schauten sich die vier Mädchen an.

„Vielleicht liegt es daran, dass wir immer gedacht haben, dass wir uns gegenseitig nicht leiden können. Oder weil wir nicht in die gleiche Klasse gehen“, meinte Charlotte.

„Na, ist ja jetzt auch egal. Hauptsache ist ja, dass wir jetzt gut miteinander auskommen“, sagte Marie stolz.

„Was ist mit dir?“, fragte Luisa und stupste Sophie an, die etwas nachdenklich neben den anderen saß und ihren Blick immer noch auf die Wiese richtete.

Nach einem tiefen Seufzer erklärte das Mädchen: „Ich habe wirklich nicht mit euch gesprochen, weil ihr nicht so alt seid wie ich. Das war ziemlich blöd. Denn mit euch kann man wirklich eine Menge Spaß haben. Aber meine Freundinnen auf dem Gymnasium haben immer gesagt, dass man sich nicht mit jüngeren Kindern abgibt.“
„Na, das sind ja ganz liebreizende Freundinnen“, sagte Charlotte schnippisch.

„Eigentlich sind sie auch gar nicht mehr meine Freundinnen“, erwiderte Sophie traurig.
„Warum das denn?“, wollte Luisa wissen.

Im ersten Moment zögerte Sophie ein wenig. Sollte sie den dreien wirklich erzählen, was los war? Doch dann: „Sie haben sich über mich lustig gemacht, weil ich nach den Sommerferien nicht mehr auf das Gymnasium gehe. Meine Leistungen sind einfach zu schlecht geworden.“

„Oh, das tut mir leid“, sagte Charlotte. „Aber ich glaube, auf solche Freundinnen kannst du wirklich verzichten.“

„Ja, ich weiß“, erwiderte Sophie und ihr fiel ein, was ihre Mutter gesagt hatte. Richtige Freunde machen sich nicht über einen lustig.

„Hast du denn nicht genug gelernt oder warum wurden deine Leistungen schlechter?“ Marie war wieder sehr neugierig und wollte alles ganz genau wissen. Dafür bekam sie einen Schubser von Luisa.

„Aua! Was denn? Man wird doch wohl mal fragen dürfen“, entgegnete sie ihrer besten Freundin.

„Ist schon gut“, erklärte Sophie mit einem Schmunzeln auf den Lippen. Sie fand es lustig, wie Marie und Luisa miteinander umgingen. Dann erzählte sie den Mädchen vom letzten Jahr. Von Amelie und von ihrem kranken Opa.

Ganz gespannt lauschten die drei den Worten von Sophie und am Ende meinte Luisa: „Das war dann aber wirklich alles nicht so einfach für dich. Kein Wunder, dass du nur noch schlechte

Zensuren geschrieben hast."

„Ja. Und weil ich halt so ein schlechtes Zeugnis bekommen habe, muss ich jetzt die Schule wechseln."

„Oh, das ist doch toll. Also, nicht, dass du ein schlechtes Zeugnis bekommen hast, sondern dass du die Schule wechselst. Dann musst du auf jeden Fall nicht mehr diese Zicken sehen, die dich geärgert haben", meinte Marie.

„Und auf welche Schule wirst du dann jetzt gehen?"

„Das wissen wir noch nicht. Meine Eltern haben gesagt, ich soll es mir überlegen und ihnen dann nächste Woche Bescheid sagen. Dann können sie mich noch rechtzeitig für das nächste Schuljahr anmelden." Sophie sah die drei Mädchen an.

Wie aus der Pistole geschossen sagte Marie dann: „Dann komm doch auf unsere Schule."

Dabei deutete das Mädchen auf Luisa und sich. „Dann können wir uns jeden Tag sehen und vielleicht auch morgens gemeinsam zur

Schule gehen.“

Einen kurzen Moment dachte Sophie darüber nach. Und um ehrlich zu sein, gefiel ihr die Idee. Zwar konnten die drei nicht in einer Klasse sein, aber sie würden sich in der Pause sehen und könnten tatsächlich jeden Morgen gemeinsam zur Schule gehen.

Direkt am Abend erzählte Sophie ihren Eltern davon. „Das ist doch prima, dass du dich für eine Schule entschieden hast. Dann können wir dich dort am Montag gleich anmelden“, sagte ihre Mutter. „Du wirst sehen, es wird schon alles wieder gut werden. Und neue Freunde findest du auch ganz schnell“, liebevoll wuschelte sie ihrer Tochter durch die braunen Locken.

Vielleicht habe ich meine Freundinnen ja schon gefunden, dachte sich Sophie und ein verschmitztes Lächeln huschte auf ihre Lippen.

# Olivia, die Neue im Haus

Es war ein schöner Sommertag, aber nicht so heiß, wie die anderen Wochentage. Genau das richtige Wetter, um ein wenig mit Sparky im Garten zu spielen.

Kurzerhand klingelte Marie bei Luisa und den anderen Mädchen im Haus, um zu fragen, ob sie auch Lust hätten mit Sparky im Garten zu toben.
Was für eine Frage! Natürlich hatten sie das. So gingen die Vier mit dem aufgeregten Vierbeiner in den Garten.

Immer abwechselnd warf eines der Mädchen den gelben, kleinen Ball und Sparky brachte ihn ganz vorbildlich wieder zurück. Immer, wenn der Vierbeiner hinter dem

Ball herjagte, sah es so aus, als würde er ein kleines bisschen fliegen – so schnell rannte Sparky.

Mit wedelndem Schwanz und gespitzten Ohren hielt Sparky den Ball in seinem Maul und legte ihn den Mädchen vor die Füße. Die Fünf hatten eine Menge Spaß.

Doch plötzlich wurde das vergnügte Spiel von einem lauten Hupen unterbrochen. Das Geräusch war so laut, dass Marie und Luisa sogar für einen Moment vor lauter Schreck zusammenzuckten. Und auch Sparky hatte sich ein wenig erschrocken.
Denn der Vierbeiner ließ glatt den Ball fallen, den er nur wenige Sekunden zuvor aus einem Blumenbeet geholt hatte, nachdem Sophie ihn geworfen hatte.

„Was war das?“, fragte Luisa.

„Klang, wie die Hupe eines großen Autos“, antwortete Charlotte.

„Sollen wir nachsehen?“

Gemeinsam mit dem aufgeregten Sparky

gingen die vier an den Holzzaun, der das Haus umgab. Und tatsächlich! Vor dem gelben Haus stand ein großer Umzugswagen.

Einige Männer waren sogar schon dabei schwere Kartons und Möbel auszuladen und in das Haus zu bringen.

Nur wenige Augenblicke später hielt noch ein kleineres Auto vor dem Haus. Aus diesem stieg unter anderem ein Mädchen aus. Es hatte braune, schulterlange Haare, trug eine große runde Brille und wirkte auf den ersten Blick etwas schüchtern, aber auch sehr nett.

Als das Mädchen die Vier am Zaun stehen sah, winkte es ihnen zaghaft zu. Marie, Luisa, Charlotte und Sophie winkten zurück und Sparky gab ein Begrüßungsbellen von sich. Danach verschwand das Mädchen mit ihren Eltern im Haus.

Die Vier gingen wieder zurück in den Garten und Sparky tappselte ihnen vergnügt hinterher.

„Die ziehen wohl in die leere Wohnung ein“, merkte Marie an.

„Blitzmerker“, neckte Luisa ihre Freundin, die sie anschließend in den Arm zwickte. „Aua“, witzelte Luisa.

„Das Mädchen sah sehr nett aus“, meinte Sophie.

„Stimmt. Vielleicht möchte sie ja mal etwas mit uns unternehmen“, erwiderte Charlotte.

„Vielleicht sollten wir sie in den nächsten Tagen einfach mal besuchen und uns vorstellen? Dann kann sie uns auch einiges über sich erzählen. Wo sie vorher gewohnt hat. Auf welche Schule sie jetzt geht. Und all sowas“, schlug Marie vor.

„Du bist wieder total neugierig“, erwiderte Luisa. Aber Marie störte das nicht. Sie wollte immer gern alles wissen.

Doch die Freundinnen mussten gar nicht so lange warten, um das fremde Mädchen besser kennenzulernen. Denn ganz überraschend tauchte das Mädchen im Garten auf. „Hallo“, sagte sie schüchtern, aber mit einem Lächeln auf den Lippen. Etwas verlegen schob sie ihre Brille etwas weiter auf die Nase.

„Oh! Hallo“, erwiderte Marie „wir haben gerade über dich gesprochen.“

„Aha“, sagte das Mädchen etwas erschrocken und verzog die Mundwinkel. Und plötzlich sah sie ein wenig traurig aus.

„Wir haben uns gefragt, wo du bisher gewohnt hast“, sagte Marie. Luisa gab ihrer Freundin wieder einen Schubser, während Charlotte und Sophie im Hintergrund kichern mussten. Marie machte eine Schmolllippe und verschränkte die Arme vor der Brust.

„Ach so“, das fremde Mädchen war erleichtert.

„Du musst Marie entschuldigen“, erklärte Luisa, „sie ist immer etwas neugierig und muss alles wissen.“

„Ist schon gut“, beschwichtigte das fremde Mädchen.

„Wir haben vorher in der Nachbarstadt gewohnt. Aber mein Vater hat einen neuen

Job bekommen und wollte nicht jeden Tag so viele Kilometer zur Arbeit und wieder nach Hause fahren. Deshalb sind wir umgezogen. Und jetzt sind wir hier."

„Und auf welche Schule wirst du jetzt gehen? Hast du auch noch Geschwister? Was machst du in deiner Freizeit?" So viele Fragen auf einmal prasselten aus Maries Mund heraus.

„Marie!", ermahnte Luisa ihre Freundin und warf ihr einen strengen Blick zu.

„Ist ja schon gut". Das fremde Mädchen musste lachen.

„Die wichtigste Frage hat Marie aber vergessen." Marie sah Sophie verwundert an. Das konnte doch gar nicht sein. „Wie heißt du überhaupt?"

Marie machte große Augen. Diese Frage hatte sie tatsächlich vergessen.

„Ich bin Olivia", sagte das Mädchen.

„Ich bin Sophie, das sind Marie, Luisa und Charlotte." Kaum hatte Sophie alle vorgestellt, bellte Sparky. „Ja, und das ist Sparky – Maries Hund“, fügte Sophie hinzu.

„Hallo, Sparky“, sagte Olivia und kniete sich zum Vierbeiner, um ihn besser hinter den Ohren kraulen zu können. Sparky ließ sich das gefallen. Schließlich war das ja eine seiner Lieblingsbeschäftigungen, auch wenn er dabei selbst nicht viel machen musste.

„Komm! Wir setzen uns auf die Wiese. Dann können wir besser quatschen“, schlug Marie vor.

„Du willst Olivia doch nur ausfragen“, neckte Luisa ihre Freundin.

„Gar nicht“, erwiderte Marie.

Schüchtern setzte sich Olivia neben Marie. Und erst jetzt bemerkte Marie den großen Leberfleck, den Olivia auf der Wange hatte. Olivia merkte schnell, dass Marie ihren Leberfleck anstarrte und verdeckte ihn mit der Hand.

„Entschuldigung“, sagte Marie.

„Schon gut“, erwiderte Olivia etwas unsicher „ich bin es gewöhnt, dass fast alle auf diesen blöden Fleck gucken. Aber trotzdem ist es mir unangenehm. Früher wurde ich oft deswegen gehänselt. Aber ich kann nichts dagegen machen. Ich habe diesen Fleck schon seit meiner Geburt.“

„Es tut mir wirklich leid, dass ich so darauf gestarrt habe. Ich wollte nicht, dass du dich unwohl fühlst. Und du musst dich dafür auch nicht schämen.“, erklärte Marie.

„Danke“, wisperte Olivia. „Es war früher wirklich sehr schwer für mich. Die Kinder haben immer auf meinen Leberfleck gezeigt und böse Worte zu mir gesagt.“ Olivia wurde traurig als sie darüber sprach.

„Manche Kinder sind einfach doof“, sagte Sophie.

„Kann schon sein.“ Traurig schaute Olivia auf Sparky, der es sich gerade zwischen den Mädchen gemütlich machen wollte.
Aber irgendwie fand der Vierbeiner nicht den passenden Platz für ein kleines Nickerchen. So wuselte er zwischen Sophie und Charlotte hin und her und

dann zwischen Marie und Luisa. Zum Schluss ging er zu Olivia, schnupperte an ihrem Arm und legte sich dann direkt vor das Mädchen auf die Wiese. Schmunzelnd begann Olivia das weiche Fell von Sparky zu streicheln.

„Und weißt du schon, auf welche Schule du nach den Ferien gehen wirst?“, unterbrach Marie die Stille.

„Ja. Aber ich weiß jetzt nicht mehr wie die Schule heißt. Ich weiß nur noch, dass sie hier gleich in der Nähe ist und mein Schulweg nicht so lang ist“, gab Olivia als Antwort.

„Das ist die Schule von Luisa und mir“, sagte Marie ganz aufgeregt.

„Wirklich?“, hakte Olivia nach und Marie nickte.

Während Olivia den Vierbeiner streichelte, wurde sie wieder ein wenig traurig. Das bemerkten auch die anderen. „Was ist denn mit dir?“, wollte Charlotte wissen, „Bist du traurig, weil ihr umgezogen seid und vermisst du deine Freunde?“

Ein tiefer Seufzer entwich Olivia, dann sah sie die anderen an, die mit

fragendem Blick auf eine Antwort warteten.
„Nein. Ich bin ganz froh, dass wir umgezogen sind. Auf der alten Schule hatte ich fast gar keine Freunde. Die Kinder waren alle sehr gemein zu mir. Weil ich eine Brille trage und eben diesen blöden Fleck auf meiner Wange habe.
Ich war eigentlich ganz froh, als meine Eltern mir sagten, dass wir in eine andere Stadt ziehen. Aber jetzt soll ich auch noch eine Zahnspange bekommen.
Dann habe ich eine Brille, den Fleck und ein Metallgestell in meinem Mund. Mich werden sicherlich alle auf der Schule hänseln und mobben.“ Traurig sah Olivia den Vierbeiner an und glitt mit ihrer Hand durch das weiche Fell. Vollkommen zufrieden begann Sparky zu schnarchen.

„Ich weiß genau, wie du dich fühlst“, sagte Marie.

Olivia sah das Mädchen mit großen Augen an: „Wirklich?“

„Ja. Mich ärgern auch immer alle in der Schule. Und Luisa ist meine einzige Freundin dort. Ganz schlimm ist es immer, wenn Luisa mal krank ist. Dann bin ich vollkommen allein in der Pause und so.
Aber vielleicht kommst du ja auch zu uns in

die Klasse. Dann können wir gemeinsam mit Sophie zur Schule gehen." Marie wollte Olivia ein wenig aufmuntern.

„Geht ihr gar nicht alle auf die gleiche Schule oder in dieselbe Klasse?", wollte sie wissen.

Charlotte schüttelte den Kopf und erklärte: „Marie und Luisa gehen in eine Klasse. Sophie wechselt nach den Ferien auf die Schule der beiden, geht aber in eine andere Klasse und ich bin auf einer ganz anderen Schule. Aber am Nachmittag treffen wir uns immer."

„Ach so", sagte Olivia und auf einmal war sie gar nicht mehr so traurig. „Meint ihr, ich könnte mich nachmittags auch immer mit euch treffen", wollte Olivia noch schüchtern wissen.

„Na logisch". Marie verlor keine Zeit, um ihr zu antworten. „Dann sind wir eine richtige Mädchen-Clique. Und in der Schule können wir uns ja immer in der Pause treffen, wenn du nicht in Luisas und meiner Klasse kommen solltest. Dann werden dich die anderen vielleicht auch gar nicht ärgern. Auf jeden Fall können wir ja

nach den Ferien gemeinsam zur Schule gehen. Dann bist du schonmal nicht allein.“

„Das wäre toll“, sagte Olivia lächelnd. „Aber diese blöde Zahnspange wird man trotzdem sehen und meinen Leberfleck auch.“ Und plötzlich wurde das Mädchen wieder ein wenig traurig.

„Meine Mama sagt immer, das Aussehen ist nicht das Wichtigste. Viel wichtiger sind die inneren Werte. Manche Menschen sind schön oder tragen teure Klamotten, sind im Inneren aber hässlich“, erklärte Sophie.

„Du darfst nicht so viel darauf geben, was andere von dir denken. Das ist nicht immer leicht. Aber du hast ja uns. Wir haben dich gerade erst kennengelernt und finden dich ganz toll.
Da ist es vollkommen egal, ob du eine Zahnspange bekommst oder eine neue Brille. Wir werden dich immer mögen. So machen das Freundinnen nun mal.“

Freundinnen, bei diesem Gedanken wurde es Olivia ganz warm ums Herz. Noch nie hatte Olivia richtige

Freunde, die sie so mochten, wie sie war. Ob nun mit Brille und Leberfleck oder nicht. Sie hatte großes Glück, mit ihren Eltern genau in dieses Haus zu ziehen, in dem vier tolle Mädchen wohnten. Mädchen, die sie direkt in ihr Herz schlossen und mit denen sie befreundet sein konnte.

„Dankeschön“, sagte Olivia mit leuchtenden Augen. „Und wie lange seid ihr alle schon befreundet?“

Die Vier mussten bei dieser Frage ein wenig schmunzeln. Und dann erzählten die Mädchen Olivia, wie sie sich alle besser kennengelernt haben und wie sie schlussendlich Freundinnen geworden sind.
Olivia erfuhr, dass Marie und Luisa schon seit der Grundschule befreundet waren. Charlotte erzählte ihr, dass sie die beiden erst für Babys gehalten hatte und Sophie war zunächst skeptisch, ob sie mit Marie, Luisa und Charlotte befreundet sein konnte.

Aber eine Wasserbombenschlacht änderte schließlich alles. Am Ende musste Olivia auch ein wenig schmunzeln. Denn schließlich war es schon ein wenig lustig, wie die Mädchen sich so kennengelernt haben, obwohl sie schon lange Zeit im gleichen Haus zusammengelebt haben.

„Deshalb wollten wir dich schneller kennenlernen“, sagte Marie. „Irgendwie wussten wir schon, dass du nett sein wirst.“

Olivia musste lachen. „Vielleicht können wir ja auch mal eine Wasserbombenschlacht machen?“

„Oh ja. Was haltet ihr davon, wenn wir uns das für morgen vornehmen?“, schlug Marie vor.

„Aber nur, wenn Sparky dieses Mal auch mit macht“, meinte Charlotte.

„Damit er alle Wasserbomben klauen kann“, gab Marie zu bedenken und alle brachen in lautes Gelächter aus. Während die Mädchen schon Pläne für die kommenden Ferientage machten, lag der Vierbeiner immer noch bei Olivia und schnarchte vergnügt vor sich hin.

Die Fünf redeten noch eine ganze Weile und erzählten sich die unterschiedlichsten Dinge. So erzählte Olivia von ihrem Leben in der anderen Stadt, während Marie, Luisa, Charlotte und Sophie sie darüber aufklärten, was man als Mädchen in dieser Stadt so alles machen kann.

Die Fünf würden sicherlich noch eine Menge Abenteuer miteinander erleben. Und vielleicht auch das ein oder andere Problem lösen müssen. Auf eines konnten sich die Mädchen jedoch immer verlassen: Dass sie sich gegenseitig helfen und unterstützen werden. Denn genau das machen Freunde.

# Nur für dich!

Du siehst also, ganz vielen Mädchen geht es wie dir. Sie haben Angst und fühlen sich manchmal traurig oder allein. Aber wie auch die anderen Mädchen kannst auch du dir eine Angst-Liste und eine Das-habe-ich-geschafft-Liste gestalten.

Und vor allem bei der Letzteren kannst du deiner Kreativität freien Lauf lassen und machen, was dir gefällt. Du kannst beispielsweise ein paar Glitzersteine drauf kleben oder sie mit bunten Stickern und Glitzer verzieren.

Deiner Kreativität sind keine Grenzen gesetzt.

Mach deine Das-habe-ich-geschafft-Liste besonders schön. Denn all die Dinge, die darauf stehen, machen dir Mut, weil du auf alles, was du schon geschafft hast, richtig stolz sein kannst.

Wir haben aber noch einen Tipp für dich! Wenn du das nächste Mal wieder Angst hast, schließe deine Augen und denke an etwas Schönes.
Ganz egal, was es ist – es sollte ein schönes Erlebnis oder eine schöne Sache sein.

Vielleicht denkst du ja an dein Haustier oder den letzten Ausflug, den du mit deinen Freunden oder Eltern unternommen hast. Vielleicht kreisen deine Gedanken aber auch um deinen Lieblingsort. Einem Ort, an dem du dich besonders gern aufhältst oder den du gern mal besuchen möchtest.

Wichtig ist nur, dass du damit etwas Positives verbindest. Halte diesen schönen Gedanken ganz fest und atme tief durch.
Versuche drei bis vier ganz tiefe Atemzüge zu nehmen. Atme lange ein und wieder aus. Während du atmest, klopfe mit deiner rechten Hand ganz vorsichtig

auf deine linke Brust.

Versuche ruhig und etwas schneller als deine Atmung zu klopfen. Dieser Tipp wird dir dabei helfen dich zu beruhigen und deine Angst zu vergessen.

Manchmal kann es aber auch hilfreich sein, wenn wir unserer Angst ein Gesicht geben. Stell dir vor, dass deine Angst ein niedliches Tier oder eine lustige Figur ist. Auf diese Weise wirkt die Angst nicht mehr so bedrohlich, sondern du kannst vielleicht sogar darüber lachen.

Denke immer daran, dass deine Angst nur in deinem Kopf ist. Aber genau dort versteckt sich auch dein Mut. Wenn deine Angst erst einmal verschwindet, kann sich auch der Mut zeigen.

Um Angst erst gar nicht entstehen zu lassen, solltest du bei Sorgen und Problemen immer mit jemandem sprechen. Wenn du nicht zu deinen Eltern gehen kannst oder magst, gibt es bestimmt eine andere Person, der du dich anvertrauen kannst. Vielleicht eine liebe Nachbarin oder sogar eine gute Freundin.

Denke immer daran, du bist mit deinen Sorgen und Problemen nicht allein.

Aber genau diese Sorgen und Probleme können manchmal schwer auf dem Herzen oder der Seele lasten. Und diese schwere Last musst du nicht allein tragen.

Es gibt immer Menschen, die dir dabei helfen. Manchmal musst du dich einfach nur trauen, sie anzusprechen.

Und gerade Freunde können in solchen Situationen eine wertvolle Stütze sein. Dabei ist es aber nicht immer leicht, richtige Freunde zu finden.

Manchmal wohnen sie direkt neben uns, aber wir wissen es gar nicht. Vielleicht haben wir auch Vorurteile gegenüber anderen Menschen, die in unserer Nachbarschaft leben. Dann muss man sich die Mühe machen, Menschen besser kennenzulernen. Vielleicht wohnt ja auch in deinem Haus ein Mädchen, mit dem du bisher nicht viel gesprochen hast. Aber womöglich kann genau dieses Mädchen deine beste Freundin werden.

Wenn du erst einmal richtige Freunde gefunden hast, solltest du sie hüten wie einen Schatz. Denn auch richtige Freunde können zu einer

Familie werden.

Aber vor allem darfst du niemals an dir selbst zweifeln. Es ist egal, wie du aussiehst, welche Klamotten du trägst oder ob du eine Zahnspange oder Brille brauchst – du bist immer wundervoll und vor allem einzigartig.
Es gibt auf der ganzen Welt kein Mädchen, das so ist wie DU! Und genau das ist großartig.

Nutze deine Einzigartigkeit und höre nicht darauf, was andere versuchen wollen dir einzureden. Du bist toll, genauso wie du bist!

Deine
Charlotte, Marie, Sophie, Olivia und Luisa

# Impressum

Bamberger Verlag GmbH
Laubanger 14
96052 Bamberg

Printed in Poland
by Amazon Fulfillment
Poland Sp. z o.o., Wrocław

18286206R00056